AF384287

NOTICE

SUR LES EAUX

GAZEUSES ALCALINES

ET FERRUGINEUSES

D'ANTOGAST,

DANS LA VALLÉE DE LA RENCH (GRAND-DUCHÉ DE BADE)

AVEC

la nouvelle analyse de M. le professeur BUNSEN

PAR

LE Dr AIMÉ ROBERT,

médecin communal et médecin adjoint des prisons civiles de Strasbourg.

Avec une vue.

STRASBOURG,

IMPRIMERIE DE G. SILBERMANN, PLACE SAINT-THOMAS, 3.

1856.

AVANT-PROPOS.

Le but de ce petit travail est d'attirer l'attention des médecins français sur les bains d'Antogast, remarquables autant par leurs vertus thérapeutiques que par leur position pittoresque.

Ces bains, qui depuis des siècles sont en honneur en Alsace et en Allemagne, sont à peine connus au delà des Vosges, et cependant il est peu d'eaux minérales ferrugineuses alcalines qui méritent autant l'attention des praticiens. Mais actuellement que les chemins de fer ont rapproché les distances, Antogast n'est plus qu'à quelques lieues des Vosges et à une journée de Paris. Aussi sommes-nous persuadé que, dans un avenir peu éloigné, Antogast deviendra un des bains les plus fréquentés de la vallée du Rhin, surtout lorsque nos confrères de l'intérieur de la France auront pu constater les effets vraiment remarquables de l'eau qui nous occupe. Je m'estimerai heureux si j'ai pu atteindre le but que je me suis proposé en faisant connaître une des sources les plus précieuses dans le traitement des nombreuses formes des maladies anémiques. J'ai puisé beaucoup de renseignements topographiques et géologiques dans l'ouvrage de M. le professeur Heyfelder, et dans l'intéressante notice de M. le docteur Reesz. La petite notice allemande sur ces eaux qui vient de paraître, m'a aussi été d'une grande utilité.

A. ROBERT,

docteur-médecin.

NOTICE

SUR LES EAUX

GAZEUSES ALCALINES

ET FERRUGINEUSES

D'ANTOGAST.

———◆———

CHAPITRE Ier.

TOPOGRAPHIE. — GÉOLOGIE. — CLIMATOLOGIE. — DESCRIPTION DE L'ÉTABLISSEMENT.

Les bains d'Antogast se trouvent situés dans la vallée de la Rench, à 1600 pieds badois au-dessus du niveau de la mer, au fond d'un petit vallon latéral, appelé vallée de la Meisach, qui commence derrière la petite ville d'Oppenau, se continue pendant une heure à travers d'audacieux murs de granit et de profonds précipices au fond desquels roule avec fracas l'impétueux torrent de la Meisach, et se termine, derrière l'établissement des bains, aux pieds du Kniebis, une des plus hautes et des plus majestueuses montagnes de la Forêt-Noire, et qui sépare le duché de Bade du royaume de Wurtemberg.

Les flancs de la vallée sont bordés de vastes prairies alternant avec des champs bien cultivés; çà et là de pittoresques chalets apparaissent hardiment placés sur les flancs des montagnes, et donnent à ce charmant paysage un aspect enchanteur qui rappelle en même temps les sites les plus sauvages et les plus pittoresques de la Suisse. Le sommet des montagnes est couvert de vigoureuses forêts de hêtres et de sapins. Une route soigneusement entretenue vous conduit jusqu'à l'établissement des bains.

Antogast se trouve à une lieue et demie de Pétersthal et de Griesbach, à deux lieues de Rippoldsau, à trois lieues de la petite ville d'Oberkirch et à cinq lieues d'Appenweyer, où se trouve la station du chemin de fer.

Les montagnes qui bordent la vallée de la Meisach s'élèvent en pente assez raide; elles sont formées de gneiss reposant sur des roches granitiques, c'est du fond de la vallée que les eaux minérales jaillissent des fissures du gneiss, dont les sillons à cette profondeur ont conservé une direction presque horizontale.

Dans une des racines du Kniebis projetée entre le Breitenberg et le bain d'Antogast, il se trouve probablement « d'autres espèces de roches qui, en s'é-
« levant de l'intérieur de la terre, ont brisé et dé-
« placé les couches superposées du gneiss et du grès
« rouge et ont produit les formes des montagnes de
« la vallée de la Rench. Là on observe une espèce

« de porphyre de feldstein qui traverse ce pied du
« Kniebis dans la direction du nord-ouest au sud-
« ouest, juste au-dessus des sources d'Antogast ; et
« on remarque avec intérêt que le feldstein, quoiqu'il
« n'y ait pas d'analyse chimique du porphyre d'An-
« togast, du reste très-destructible par l'influence
« des agents atmosphériques, contient généralement
« à peu près les mêmes substances chimiques , dont
« la solution en diverses proportions constitue la pro-
« priété des eaux minérales de la vallée de la Rench
« (Reesz). »

Climatologie. Bien qu'Antogast soit à 1600 pieds
au-dessus du niveau de la mer, la température y est
très-douce, et on n'y remarque pas ces changements
brusques de température qu'on observe dans la
plaine et dans d'autres vallées de la Forêt-Noire ou-
vertes à des courants d'air. Cette heureuse circonstance, d'un si grand intérêt pour les malades, dé-
pend de ce que le Kniebis ferme complétement la
vallée et la garantit des vents ; ensuite les magnifiques
forêts qui couvrent les montagnes brisent l'impé-
tuosité des vents, permettent à la pluie de s'écouler
lentement et contribuent par là à donner à cette
vallée une température qu'on ne soupçonnerait pas
dans une position si élevée ; aussi voit-on les plantes
des climats doux prospérer à côté des plantes al-
pestres. En été, il y fait quelquefois très-chaud,
mais la chaleur dans ces montagnes n'est pas lourde
et accablante comme dans la plaine ; elle est tem-

pérée par les brises embaumées des forêts et par le mouvement continuel et rapide dès torrents et des cascades. Ainsi sur le Breitenberg, haute montagne qui se trouve à 700 pieds au-dessus d'Antogast, le thermomètre Réaumur marque souvent 27°, sans que cette chaleur soit désagréable.

Les nuits ne sont pas froides et les orages y sont excessivement rares, chose qui m'a beaucoup surpris, mais qui est constatée par les météorologistes. Quelques heures après la pluie, les routes et les promenades sont aussi sèches qu'avant, ce qui permet aux baigneurs de pouvoir faire des excursions presque par tous les temps.

L'établissement des bains est situé, comme nous l'avons déjà dit, aux pieds même du Kniebis et abrité des vents. Les habitations consistent en une maison à trois étages, bâtie irrégulièrement dans le style du pays ; c'est la maison de bains proprement dite ; elle communique à une salle à manger assez vaste pour contenir au moins une centaine de convives, elle aboutit à la source par un chemin dérobé. Les autres bâtiments, qui sont les dépendances du premier, se trouvent groupés autour de lui autant que l'étroitesse de la vallée le permet.

Cette année M. Huber, propriétaire des bains, a fait d'importantes réparations qui ont eu pour résultat des améliorations notables : ainsi les salles de bains ont été complétement réparées à neuf. Ces cabinets, situés au rez-de-chaussée, sont au nombre

de seize, assez vastes et en rapport avec leur desti-
nation. L'eau y est amenée par des tuyaux en plomb
récemment établis; on y remarque aussi des douches
de toutes espèces et de différents calibres pouvant
répondre à toutes les exigences.

Les chambres des baigneurs sont au nombre de
cinquante-deux, dont la moitié à deux lits; elles
sont très-bien disposées, claires, spacieuses et parfaitement aérées; enfin, le confortable se trouve as-
socié avec une certaine simplicité rustique tout à
fait en harmonie avec la majestueuse nature qui
vous environne. Les lits sont très-bons et meilleurs
à Antogast qu'ils ne le sont ordinairement en Allemagne; la table est excellente, servie avec une pro-
preté remarquable et avec abondance.

CHAPITRE II.

HISTOIRE ET DESCRIPTION DE LA SOURCE. — HISTOIRE
CHIMIQUE. — PROPRIÉTÉS PHYSIQUES ET CHIMIQUES.
— ANALYSE DE M. LE PROFESSEUR BUNSEN.

A 40 pieds environ au delà du bâtiment principal
se trouvent les sources qui sont au nombre de trois;
elles sont abritées par une toiture en bois. La plus
abondante, qui sert pour les bains, est conduite
dans les cabinets de bains à l'aide d'une pompe fou-
lante. Les deux autres, source d'Antoine et source

de Pierre, dont on se sert pour boire, sont placées vis-à-vis l'une de l'autre, elles sont encaissées chacune dans un puits de cinq pieds de profondeur sur deux de largeur.

L'existence de ces sources remonte à une époque très-reculée, ainsi que l'indique une pierre placée sur le réservoir et portant le millésime 1607. D'après M. le professeur Heyfelder, Antogast serait le bain le plus ancien du Kniebis; bien avant Tabernæmontanus, Pictorius et Eschenreuter s'étaient déjà occupés des vertus de cette eau et en avaient obtenu les meilleurs résultats dans le traitement de nombreuses maladies.

L'abondance de ces sources est telle que la source d'Antoine donne 1500 litres d'eau par jour, celle de Pierre 1,000, et qu'en outre des cinquante bains qu'on peut servir par jour, on expédie encore plus de deux cent mille bouteilles par an, sans compter la consommation qui se fait sur place et l'eau qui se perd. Une telle richesse promet à Antogast un avenir brillant lorsque cette eau sera connue dans l'intérieur de la France, à Paris surtout, où l'eau de Seltz artificielle, cet affreux breuvage, est devenue d'un usage général, et où elle pourra être avantageusement remplacée par l'eau naturelle d'Antogast.

La Trinkhalle est une galerie couverte, en bois, de soixante pieds de longueur sur trente de largeur; pendant les mauvais temps ou les matinées fraîches, elle sert de promenade aux buveurs.

La température de la source de Pierre est de + 7° R.; elle est d'une limpidité parfaite; à l'instant où on la puise une très-grande quantité de petites bulles d'acide carbonique s'échappent du verre en pétillant. Elle a une saveur acidule très-prononcée, avec un léger goût ferrugineux, et n'a aucune odeur. Lorsqu'elle reste exposée pendant quelque temps à l'air, elle se trouble légèrement, et le fer dissous dans l'acide carbonique se dépose au fond du verre sous forme de poussière rougeâtre.

Bœckmann et Salzer, en 1810, et Kœlreuter, en 1835, ont analysé l'eau d'Antogast. Elle fut soumise à une nouvelle analyse par Kœlreuter lorsque les sources furent de nouveau encaissées.

Voici le résultat de cette analyse :

Analyse de M. Kœlreuter.

Dans une livre d'eau de 16 onces :

	Grains.
Bicarbonate de soude	10,00
Bicarbonate de magnésie	6,00
Bicarbonate de chaux	4,00
Bicarbonate de protoxide de fer	0,40
Bicarbonate de protoxide de manganèse . .	0,08
Sulfate de soude	8,00
Chorure de sodium	1,00
Chlorure de potassium	0,10
Silicate d'alumine	0,28
Phosphate de soude	traces.
Total. . .	30 grains.

L'illustre chimiste de Heidelberg, M. le professeur Bunsen, vient de faire une nouvelle analyse qui ne diffère de celle de M. Kœlreuter que par une composition quantitative plus forte.

Analyse de M. le professeur Bunsen.

SOURCE D'ANTOINE.

	Une livre de Bade contient :	
	Sur 10,000 parties d'eau.	Grains.
Bicarbonate de chaux	8,56401	6,5772
Bicarbonate de magnésie	5,35418	4,1120
Bicarbonate de protoxide de fer . .	0,46414	0,3565
Bicarbonate de soude	6,48555	4,9809
Chlorure de sodium	0,45926	0,3527
Sulfate de soude	7,29527	5,6028
Sulfate de potasse	0,74070	0,5689
Triphosphate de soude	0,00930	0,0071
Alumine	0,08340	0,0641
Acide carbonique libre	13820	13,9301

Traces de bicarbonate, de protoxide, d'acide apocrénique et d'apocrénates.

Traces très-faibles d'arsenic.

D'après les analyses de M. le professeur Bunsen un litre d'eau d'Antogast renferme :

Acide carbonique libre :
{ Source Antoine . . 99 centilitres.
{ Source Pierre. . . 95. »

La source de Pierre contient : 0,80 centigrammes de bi-carbonate de soude, tandis que l'eau de Griesbach ne contient pas un atôme de ce sel et que Petersthal en contient dix fois moins. On voit par le

simple rapprochement qu'Antogast est une eau émi-
nemment alcaline qui se rapproche beaucoup de
celle de Vichy. C'est donc un avantage marqué qu'a
Antogast sur toutes les autres sources de la vallée
de la Rench, et qui la recommande spécialement
dans les maladies des voies digestives et calculeuses.

D'après le petit tableau que nous donnons ci-des-
sous, on pourra juger de la richesse de ces trois eaux
en comparant leurs principes les plus actifs. Nous
parlons toujours d'après les analyses de M. Bunsen.

1. *Gaz acide carbonique.*

Pour s'ingérer un litre d'acide carbonique, il
faudra boire :

Eau d'Antogast	Source d'Antoine . .	1 1/2 litre.
	Source de Pierre. . .	1 1/4 »
Eau de Griesbach.		0,82 centil.
Eau de Pétersthal. . .	Source de Sophie et de Pierre	79 centil.
	Source de Sel	77 »

2. *Bicarbonate de soude.*

Pour prendre un gramme de bicarbonate de soude,
il faut boire :

Eau d'Antogast	Source de Pierre. . .	80 centil.
	Source d'Antoine . .	65 »
Eau de Pétersthal. . .	Source de Sophie . .	15 1/3
	Source de Pierre. . .	16 2/3
Eau de Griesbach, pas de trace de ce sel.		

3. *Bicarbonate ferreux.*

Un gramme de ce sel est représenté par :

Eau d'Antogast	Source d'Antoine . .	22 litres.
	Source de Pierre. . .	26 »
Eau de Pétersthal. . .	Source de Sophie . .	21 2/3
	Source de Pierre. . .	22 3/4
Eau de Griesbach.		12 3/4

La classification d'une eau minérale s'établit d'après les principes minéralisateurs qu'elle contient, d'après l'importance de leur action pharmaco-dynamique et enfin par la richesse plus ou moins grande de ces substances.

L'acide carbonique libre (99 centilitres dans un litre) qu'elle renferme, sans compter celui qui existe à différents états de combinaisons, la place parmi les eaux minérales acidules gazeuses. La soude qu'elle contient en quantité assez notable, lui assigne un rang important parmi les eaux alcalines, enfin, le carbonate ferreux qui s'y trouve en fait une eau ferrugineuse, qui doit être d'autant plus indiquée qu'elle est beaucoup mieux supportée que beaucoup d'autres analogues.

Nous ne parlerons pas des traces de manganèse et d'arsenic révélés par l'analyse de M. Bunsen, bien que ces substances, par leurs combinaisons, puissent former des sels dont l'action peut être d'une grande importance dans le traitement de certaines maladies.

CHAPITRE III.

ACTION MÉDICALE DE L'EAU D'ANTOGAST.

Nous envisagerons l'action de l'eau d'Antogast seulement au point de vue de ses trois principaux éléments, c'est-à-dire comme eau gazeuse alcaline et ferrugineuse. Nous examinerons ensuite quels sont les avantages qu'on peut retirer au point de vue thérapeutique de l'association de ces trois éléments.

Acide carbonique. L'action de l'acide carbonique ingéré dans l'estomac est presque aussi rapide que celle des alcooliques; ce gaz produit même une sorte d'ivresse. Son action la plus immédiate a lieu sur le cerveau; cette excitation rapide et passagère peut donc être utilisée dans une foule de cas. L'estomac est ensuite l'organe sur lequel l'acide carbonique a une action presque aussi rapide. Personne n'ignore avec quelle facilité on arrête certains vomissements nerveux avec la potion de Rivière ou même simplement avec une bouteille d'eau gazeuse. Nous ne discuterons aucune théorie; mais, en nous renfermant exclusivement dans les faits, nous dirons que le gaz acide carbonique est un puissant stimulant du système encéphalique rachidien, que comme tel il est un puissant auxiliaire dans une foule d'affections nerveuses spasmodiques, hystérie, hypocondrie, etc.

Alcalis et en particulier du bicarbonate de soude. Longtemps on a confondu la soude et la potasse en raison de l'analogie de leurs propriétés physiques et chimiques, nous pouvons dire que cette ressemblance s'étend même presque jusqu'à leur effets physiologiques. Pour l'usage externe, bains, lotions, on peut se servir indistinctement de l'une ou de l'autre, mais il n'en est pas de même lorsqu'il s'agit d'administrer les alcalis à l'intérieur. Dans ce cas, il faut préférer les sels de soude, et, outre les idées physiologiques qui doivent lui faire accorder la préférence, ils sont beaucoup mieux supportés que ceux de potasse. Tous les alcalis ont une action dissolvante sur l'organisme, mais surtout le carbonate de soude.

L'élimination de ce sel est tellement rapide que quelques minutes après son ingestion les urines deviennent alcalines. C'est ce qui arrive aussi lorsqu'on a bu quelques verres d'eau d'Antogast. Dans le cas d'acidité des premières voies, le carbonate de soude agit avec rapidité en neutralisant les acides contenus dans ce viscère. Ainsi, l'eau qui nous occupe sera non-seulement indiquée comme eau alcaline dans le traitement de la gravelle, des calculs urinaires, de la goutte, mais encore dans les affections nerveuses de l'estomac caractérisées par des gastralgies, des flatuosités et des digestions difficiles. A l'extérieur, c'est-à-dire en bains, lotions, la soude ramollit l'épiderme, modifie profondément la peau dans une foule d'altérations pathologiques de cet organe. Ainsi l'eau d'Antogast pourra donc être employée à l'intérieur et en bains dans toutes les maladies cutanées, dartres, prurigo, etc.

Fer. Le fer est bien certainement le corps le plus précieux en thérapeutique, celui dont l'action est le mieux connue. Il est peu de médicaments qui ait joui d'une réputation aussi méritée depuis la plus haute antiquité jusqu'à nos jours ; aucune théorie n'est parvenue à prescrire sérieusement cette précieuse substance de la thérapeutique. Mais, il faut aussi le dire, il est peu de médicaments dont l'action soit aussi certaine et qui, dans les mains d'un praticien habile, rende autant de services à l'humanité. La nature prévoyante nous offre dans les eaux minérales ferrugineuses le fer sous sa forme la plus assimilable et la plus favorable à l'organisme. Aussi, tandis que l'art s'évertue à produire le fer sous mille formes ingénieuses ponr qu'il soit mieux supporté par les voies digestives, la nature nous montre dans les eaux minérales l'état de combinaison sous lequel ce puissant modificateur de l'organisme produit les résultats les plus durables et les plus rapides. Combien, en effet, de jeunes filles chlorotiques s'en reviennent avec le coloris de la santé après avoir passé seulement quelques semaines dans un bain ferrugineux ? Nous ne nons perdrons pas dans des discussions théoriques pour expliquer par quel mécanisme le fer répare la vie jusque dans ses sources les plus intimes, par quel procédé physiologique le nombre des globules sanguins augmente rapidement sous l'influence de ce métal, comment le sang récupère rapidement le cruor et le fer qu'il avait perdus. Ce qui est évident pour tout le monde et n'est contesté par personne, c'est que son action est héroïque dans toutes les affections où il y a diminution des globules du sang, dans la chlorose, toutes les anémies, quelles que soient leurs causes; il importe peu que ce soit un spécifique ou un reconstitutif, ce qui importe, c'est de savoir que son action est héroïque, rapide et certaine.

Quelques jours après son emploi à l'état de santé, on éprouve une sensation de plétore, bourdonnements d'oreilles, céphalalgie, injection dès yeux, étc. Son action est moins appréciable sur les organes digestifs; on éprouve quelquefois un peu de pesanteur à l'estomac, de la diarrhée ou de la constipation. Les selles deviennent noires. Les règles ne sont ni avancées ni retardées, mais elles deviennent plus régulières; le sang n'est pas plus abondant, mais il contient plus de cruor, il est plus épais et plus foncé.

A l'extérieur, le fer agit comme un puissant astringent, et les bains ferrugineux modifient favorablement certains ulcères atoniques, rebelles aux autres traitements.

C'est à l'état soluble que le fer agit le plus sûrement, c'est donc sous la forme d'eaux minérales qu'il doit être employé si on veut suivre la voie de la nature.

. CHAPITRE IV.

ACTION SPÉCIALE. — INDICATIONS ET CONTRE-INDICATIONS
DE L'EAU D'ANTOGAST.

Lorsqu'on boit l'eau d'Antogast, la première impression est un sentiment de fraîcheur qui s'étend aux papilles de la langue et sur toute la surface de la muqueuse de la bouche. A peine ingérée on éprouve une certaine chaleur à l'épigastre et une sensation agréable qui se communique rapidement à tout l'organisme. Les urines deviennent très-abondantes et alcalines. Cette eau peut offrir un grand nombre de boissons variées qui trouvent leur indication dans plusieurs maladies; ainsi mélangée au sirop de framboises, elle constitue une boisson très-agréable qui peut être utilement employée dans les fièvres graves et dans les affections typhoïdes; dans ce cas elle stimule doucement les glandes salivaires et fait cesser la sécheresse de la langue. Mélangée au lait, elle peut parfaitement remplacer l'eau de Selters avec laquelle elle a de nombreux points de ressemblance par les sels de soude et le sel de cuisine qu'elle contient. Mélangée au vin elle est encore employée avec avantage, soit comme boisson de luxe, soit comme médicament dans les cas de digestion difficile et dans les nombreuses névroses de l'estomac.

D'après l'analyse des eaux d'Antogast et d'après ce que uous avons dit plus haut, on peut voir déjà quelles sont les affections qui réclameront son usage. C'est surtout comme eau alcaline gazeuse et ferrugineuse qu'elle devra être employée. Cette eau est avant tout excitante par l'acide carbonique et le fer qu'elle contient, mais cette excitation est tempérée par la soude qu'elle renferme en très-grande proportion. En effet, c'est principalement cette substance qui distingue Antogast des autres sources de la Rench et qui la rapproche le plus de l'eau de Vichy avec laquelle elle a tant d'analogie. Elle agit aussi comme reconstitutive par le carbonate de protoxide de fer et les traces de manganèse qu'elle renferme : on sait quel rôle important jouent ces deux corps dans la composition du sang. Les sels de chaux, de sodium, les traces d'alumine et d'arsenic sont des substances dont l'action altérante, quoique secondaire, doit être cependant prise en considération.

Maladies de l'appareil digestif. Il est peu d'organes qui soient la source d'autant de maladies que ceux de la digestion et de l'assimilation. Aussi les maladies de l'estomac et des intestins sont-elles très-nombreuses, et les troubles qu'elles occasionnent dans toute l'économie retentissent-ils d'une manière fâcheuse sur l'organisme.

Dyspepsie. — Gastralgie. — Pyrosis. — Boulimie. Ces troubles nerveux de l'estomac sont caractérisés par des digestions difficiles, avec douleur à l'épigastre, ballonnement de ce viscère, renvois inodores, quelquefois même acides et nidoreux ; d'autres fois les malades éprouvent des constipations opiniâtres, enfin ces phénomènes réagissent presque toujours sur le cerveau et provoquent chez les malades des accès de mélancolie et d'hypochonderie qui plongent les malheureux qui en sont atteints dans un état voisin du désespoir. Les veilles, les excès de tout genres, l'oisiveté, la satiété des plaisirs, les déceptions sont les causes les plus ordinaires de cet état qui se reproduit chez chaque individu sous une forme différente suivant son tempérament et sa sensibilité spéciale.

Dans ces affections, quelles dépendent d'un embarras gastrique ou d'une innervation incomplète ou exagérée, les eaux acidules d'Antogast produisent des résultats heureux. L'action immédiate de l'eau acidule est d'exciter légèrement la membrane muqueuse de l'estomac, tout en produisant, par son action excitante sur la contractilité, des mouvements péristaltiques qui font souvent cesser des obstructions rebelles. Quelques verres d'eau minérale suffiront le plus souvent pour calmer immédiatement cet état spasmodique, et les digestions se régularisent rapidement sous l'influence d'un traitement suivi aux eaux d'Antogast.

Engorgement du foie et de la rate. — Calculs biliaires. — Jaunisse. Par les sels de soude et de potasse qu'elles contiennent, les eaux d'Antogast

agissent d'une manière résolutive dans les engorge-
ments du foie, en augmentant la sécrétion biliaire.
Le fer, par son action tonique, diminuera le calibre
des canaux du foie et empêchera les stases du sang
dans cet organe en stimulant le mouvement intesti-
nal et la circulation. Si, comme le prétendent certains physiologistes, les sels de soude ont la pro-
priété de rendre le sang plus liquide, cette circonstance rendra encore la circulation abdominale plus
facile.

Les calculs biliaires se séparent facilement par
l'action dissolvante du carbonate de soude sur le
mucus qui leur sert de ciment; ceux qui sont formés
par la matière verte ou jaune de la bile unie à du
mucus concret se trouveront rapidement dissous.
Quant aux calculs qui sont composés d'autres éléments chimiques ils seront moins rapidement modi-
fiés, il est vrai.

*Chlorose (pâles couleurs). — Anémie. — Aménor-
rhée (Suppression des règles). — Dysménorrhée
(menstruation difficile).* Les jeunes personnes au teint
décoloré avec bouffissure de la face éprouvent des
symptômes assez graves : palpitations de cœur, es-
soufflement provoqué par le moindre mouvement un
peu rapide, syncopes fréquentes, crampes d'estomac,
névralgies de toutes espèces. L'ensemble de ces symptômes constitue la chlorose. Cette affection entraîne
avec elle l'anémie, l'irrégularité et la suppression
des règles avec tout le cortége des troubles nerveux

qui en sont la suite, hystérie, douleurs utérines, etc. Ainsi que nous l'avons dit plus haut, le fer est le médicament héroïque dans ces affections; aussi l'eau d'Antogast fait-elle merveille dans les cas que nous venons d'indiquer, lorsqu'elle est combinée avec un régime tonique et surtout animal. L'eau d'Antogast a un avantage sur les autres sources de la vallée de la Rench, c'est qu'elle est plus alcaline. Heyfelder attache beaucoup d'importance à la grande quantité de soude qu'elle contient. Cette circonstance doit la faire recommander de préférence aux personnes délicates, nerveuses qui supporteraient plus difficilement l'eau de Griesbach, Petersthal et Schwalbach, dont la digestion est quelquefois si difficile en raison de la moindre quantité de soude ou d'acide carbonique. Les névralgies faciales dépendant d'un état chlorotique, se guérissent aussi très-bien à Antogast lorsque le sang a été suffisamment modifié.

Stérilité. — Maladies du système utérin. — Leucorrhée. D'après l'action exitante du fer sur la matrice, on comprendra de suite les avantages qu'on peut tirer de l'eau d'Antogast dans les cas de stérilité dépendant d'un état d'atonie des organes reproducteurs. C'est dans ces cas qu'elle doit être employée sous toutes les formes, en bains, en boissons et en douches ascendantes. Dans la prédisposition aux avortements, dans les descentes plus ou moins complètes de la matrice, cette eau agira d'une

manière très-favorable par son action générale to‑
nique sur tout l'organisme.

Les écoulements blancs (leucorrhée) cèdent ra‑
pidement sous l'influence de l'action tonique et as‑
tringente de l'eau d'Antogast, prise en bains et en
injections ou en douches ascendantes. Administrée
de cette manière, les ulcérations légères du col ne
dépendant pas d'une affection cancéreuse, se mo‑
difient aussi d'une manière favorable.

Gravelle. — *Calculs urinaires.* L'analogie de l'eau
d'Antogast avec celle de Vichy, la recommande dans
la gravelle et les calculs urinaires, surtout dans
ceux composés d'acide urique. A Vichy, la source
Lardy et celle des Dames contiennent aussi du fer
et sont employées de préférence aux autres dans le
traitement des maladies calculeuses ; les eaux alca‑
lines ferrugineuses paraîtraient donc, d'après les
résultats obtenus à Vichy, être préférables dans ce
cas aux sources exclusivement alcalines.

L'eau d'Antogast est tous les jours employée avec
succès dans les affections si variées du système ner‑
veux, et dans toutes les aberrations de la sensibilité
morale, tristesse, vapeurs, hypochondrie, etc.
Dans les scrophules, en raison de l'action fondante
des alcalis sur tous les organes glanduleux, engor‑
gements des glandes du cou, du mésentère. Dans
le rachitisme elle agit comme reconstitutive du sys‑
tème osseux par les sels de chaux qu'elle contient.

Dans la phthisie, au premier et même au second

degré, elle agit d'une manière très-active comme eau alcaline; elle opère la résolution des tubercules en excitant les fonctions de l'absorption. Ensuite, le fer qu'elle contient n'est-il pas encore un des remèdes les moins infidèles dans le traitement de cette terrible maladie, et n'ordonnons-nous pas tous les jours les ferrugineux seuls ou associés à l'iode, l'iodure de fer, etc.? Dans la goutte elle agira aussi d'une manière très-favorable. Enfin elle est indiquée dans toutes les hydropisies par sa vertu diurétique et par son action sur l'absorption.

CHAPITRE V.

MODE D'ADMINISTRATION DE L'EAU D'ANTOGAST. — HYGIÈNE DES BAIGNEURS.

L'eau d'Antogast s'emploie en boisson, en bains et en douches. On la boit ordinairement le matin à la source, avant le déjeuner; il faut avoir soin de n'en boire qu'un verre à la fois et d'attendre pour en prendre un second que le premier ait passé; on va graduellement de 2 à 6 et même à 8 verres. Dans l'intervalle de chaque verre, les buveurs doivent se promener, soit sous la halle s'il fait mauvais temps, soit dans les environs de la source. Les personnes qui ne supporteraient pas l'eau froide le matin pourront la mélanger avec un peu de lait chaud; mais dans certains états atoniques de l'estomac, la basse température de cette eau est une circonstance favorable.

Après avoir bu l'eau on doit faire une petite promenade pour établir la réaction et déjeuner ensuite. Les baigneurs trop malades pour se lever de bonne heure boiront leur eau au lit, mais il faut qu'elle soit apportée dans une bouteille bien bouchée. Les personnes constipées peuvent prendre quelques grammes de sel de Carlsbad dans le premier verre d'eau. Celles auxquelles le petit lait est indiqué en trouveront tous les jours de préparé à l'établissement; le lait de chèvres est celui auquel on donne ordinairement la préférence; les pâturages aromatiques des montagnes lui donnent une qualité supérieure. Le bain se prend ordinairement avant déjeuner; quelques personnes se baignent seulement avant le diner; aux repas les malades feront bien de boire de l'eau d'Antogast coupée avec de bon vin.

Les baigneurs s'habilleront chaudement le matin et le soir, ils éviteront les excès de tous genres tout en se nourrissant bien; les excursions et la nourriture doivent être en rapport avec les forces des malades. Avant tout, les baigneurs doivent autant que possible oublier leurs affaires, chasser les soucis, et ne s'occuper que du rétablissement de la santé, enfin suivre en tout les préceptes d'Alibert « quand vous « arrivez aux eaux minérales, faites comme si vous « entriez dans le temple d'Esculape : laissez à la porte « toutes les passions qui ont agité votre âme, toutes « les affaires qui ont si longtemps tourmenté votre « vie. »

CHAPITRE VI.

ENVIRONS D'ANTOGAST. — EXCURSIONS.

Le voyage de Strasbourg à Antogast est une excursion charmante. En prenant le chemin de fer de Kehl, on arrive en quelques minutes à la station d'Appenweyer. Là se déroule devant vous un magnifique panorama dont le fond est formé par les premiers plateaux de la Forêt-Noire; des champs bien cultivés, des prairies arrosées par la Rench; de nombreux villages animent cette plaine fertile et donnent à tout ce paysage un air de bonheur. Derrière Appenweyer commence la pittoresque vallée de la Rench, renommée par sa richesse et ses vins qui ne le cèdent ni en finesse ni en chaleur aux meilleurs crus du Rhin, surtout le Klingelberg, remarquable par son bouquet.

La petite ville d'Oberkirch, qui se trouve à l'entrée de la vallée, était autrefois le chef-lieu de l'ancien bailliage épiscopal de Strasbourg; rien de plus coquet que sa position au milieu de montagnes pittoresques, plantées de charmants vignobles et dont les sommets sont couronnés de vigoureuses forêts.

On arrive ensuite au village de Lautenbach où se trouve une charmante église gothique du milieu du quinzième siècle, ornée de très-beaux vitraux peints. La vallée va toujours en se retrécissant jusqu'à Oppenau; là on quitte la poste qui va jusqu'à Griesbach en passant par Freiersbach et Pétersthal. Une voiture de l'établissement vous conduit jusqu'aux bains d'Antogast en traversant la romantique vallée de la Maisach.

Ainsi que nous l'avons déjà dit, le cachet de cette vallée est sauvage et romantique ; des prairies traversées par des ruisseaux bruyants qui se jettent dans le torrent de la Maisach, donnent à cette partie de la vallée une vie qui contraste avec les sombres forêts qui couvrent les cimes des montagnes. Les environs des bains répondent à l'idée qu'on a pu s'en faire en traversant la vallée de la Maisach ; les promenades sont très-pittoresques, les sentiers et les routes sont parfaitement entretenus ; partout où l'art a pu intervenir on a rendu aussi douces que possibles les pentes qui vous conduisent à des points de vue remarquablement beaux. Les malades qui ne peuvent faire de grandes excursions trouvent, en sortant de l'établissement, des buts de promenades peu éloignés, tandis que les baigneurs mieux portants peuvent varier leurs excursions et visiter les points les plus curieux de la Forêt-Noire, Antogast se trouvant placé au centre des sites les plus pittoresques de cette contrée.

L'excursion du Kniebis est une des plus intéressantes. Cette montagne, qu'on commence à gravir en sortant de l'établissement, a 3012 pieds de hauteur ; on peut y aller à pied ou en voiture par une magnifique route qui relie le duché de Bade au Wurtemberg. On est bien dédommagé des fatigues qu'on a éprouvées si on y est monté à pied, par la vue magnifique dont on jouit du sommet de cette montagne; on domine la Forêt-Noire, le Wurtemberg, plus loin on aperçoit les Vosges et les Alpes. Sur le large plateau qui termine le Kniebis, se trouvent les restes du fort Alexandre, élevé en 1734 par le duc Alexandre de Wurtemberg; le fort des Souabes se trouve à trois quarts de lieue plus loin sur le Rossbühl, enfin à quelques centaines de pas plus loin on remarque la redoute des Suédois construite pendant la guerre de trente ans. Autrefois un couvent se trouvait au sommet du Kniebis. Le Breitenberg, haute montagne, à 700 pieds au-dessus d'Antogast, sépare ce bain de celui de Griesbach; un chemin à mi-côte vous conduit insensiblement au sommet; là on trouve plusieurs chalets remarquables autant par leur position élevée que par leur construction originale; d'honnêtes fermiers vivant de leur industrie et de leurs nombreux troupeaux habitent ces hautes solitudes pendant toute l'année, et restent six ou sept mois au milieu des neiges sans aucune communication avec les vallées. Malgré cet isolement, le caractère de ces braves montagnards est hospitalier, et leur accueil très-cordial. Arrivé à ces fermes, on est à moitié chemin de Griesbach, où l'on descend par un chemin très-pittoresque. Pour revenir à Antogast, on peut prendre une autre route en montant le Kirschberg; de cette hauteur on aperçoit toute la plaine du Rhin, la cathédrale de Strasbourg et les Vosges.

Allerheiligen. Les cascades d'Allerheiligen, dans la sauvage vallée du Lierbach, sont bien certainement un des points les plus beaux de la Forêt-Noire ; mais pour peindre dignement cette nature si majestueuse et si accidentée, il faudrait, non la plume d'un médecin, mais celle d'un poëte. Les rüines du couvent d'Allerheiligen sont situées dans une vallée tellement agreste et sauvage qu'on n'y soupçonnerait jamais l'existence d'un monument aussi remarquable. D'après ces restes imposants, on peut juger de ce qu'était autrefois cette célèbre abbaye fondée par la comtesse Uta de Schauenbourg, fille du riche comte Palatin Godefroi de Calw et de la belle Luitgarde de Zæhringen.

Pour peindre l'impression qu'on éprouve à la vue de ces magnifiques cascades, je ne puis mieux faire que de laisser parler M. Eugène Guinot (1) :

« Les ruines d'Allerheiligen sont situées dans une « espèce de puits formé par une enceinte de hautes « montagnes, et quand on est descendu jusque-là « rien n'est plus étrange que de se trouver au som- « met d'une immense chute d'eau qui semble s'en- « gouffrer dans les entrailles de la terre.

« A quelques pas du couvent est une terrasse qui « domine les cascades ; de là le regard plonge dans « l'abîme écumant dont il ne peut mesurer la pro- « fondeur. Pour contempler le spectacle dans la ma- « jesté de son ensemble et dans la poésie de ses dé-

---

(1) *Un été à Bade*, par Eugène Guinot.

« tails, il faut suivre le cours du torrent, qui tantôt
« verse ses ondes déroulées comme une nappe de
« cristal, et tantôt s'élance, tombe et se brise avec
« fracas aux angles des rochers. Un étroit passage
« est pratiqué tout le long des cascades : ici, c'est un
« sentier frayé sur la terre humide ou sur la pierre
« glissante, là c'est un escalier taillé dans le roc,
« plus loin vous passez sur un pont fragile ou sur un
« tronc d'arbre velouté de mousse; aux endroits où
« la roche est coupée à pic, on descend par de longues
« échelles qui donnent aux curieux timides l'émotion
« d'un péril imaginaire. Mais quel danger ne brave-
« rait-on pas pour admirer ces tableaux, pleins d'un
« charme saisissant et d'un irrésistible attrait. »

Il faut deux heures d'Oppenau pour arriver par la
vallée de Lierbach aux cascades en passant par le
petit bain de Rothwasser.

Depuis Antogast on peut aussi faire l'excursion au
Mummelsée (*lacus mirabilis*) au pied des Hornisgründe
montagne de 3612 pieds d'élévation. Ce lac a 2300
pieds de circonférence; une foule de légendes, toutes
plus tragiques les unes que les autres, se rattachent
à ce lac, placé dans une solitude effrayante, et tout
à fait en harmonie avec ces contes populaires.

Dans le voisinage des bains on trouve encore de
charmantes promenades, celle de Wilfeneckerhof, le
chemin vers le Filderharthœf, à la Breitematt. Ces
petites excursions ne sont que d'une demi-lieue.
M. Huber a ménagé des lieux de repos dans toutes

les promenades. Le chemin d'Antogast à Oppenau est aussi une charmante excursion peu fatigante, et qui vous permet d'admirer à l'aise les beautés de la vallée de la Maisach.

Le gouvernement badois, dans sa sollicitude paternelle, n'a rien négligé pour que les baigneurs puissent avoir tous les secours médicaux. Outre M. le docteur Erhardt, médecin inspecteur des eaux de la vallée de la Rench, qui se rend de temps en temps à Antogast, M. le docteur Seldner, d'Oppenau, se trouve à proximité des bains, et prodigue ses soins aux malades qui les réclament. Oppenau possède une pharmacie bien fournie : ainsi les secours médicaux et pharmaceutiques ne peuvent manquer.

Des journaux rompent la monotonie inséparable des jours pluvieux; enfin le service de la poste se fait d'une manière très-régulière, et les lettres arrivent tous les jours à l'établissement. Le voisinage d'Oppenau place Antogast dans des circonstances beaucoup plus favorables que les autres bains de la Rench, sous le rapport d'une foule de petits besoins et surtout à cause de la proximité du chemin de fer.

La saison des bains s'ouvre ordinairement le 1er juin et se prolonge souvent jusqu'à la fin de septembre, car on sait que, dans la vallée du Rhin, l'automne est la saison la plus belle et la moins variable.

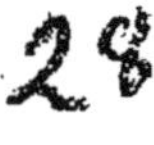